风吹哪页读哪页

牧村◎编著

三环出版社
SANHUAN PUBLISHING HOUSE

图书在版编目（CIP）数据

风吹哪页读哪页 / 牧村编著 . -- 海口 : 三环出版社（海南）有限公司 , 2024. 9. -- ISBN 978-7-80773-333-1

I . H033.3

中国国家版本馆 CIP 数据核字第 2024XM2721 号

风吹哪页读哪页

FENG CHUI NA YE DU NA YE

编　　著　牧　村
责任编辑　姜　嫚
责任校对　韩孜依
责任印制　万　明
插图绘制　读写通
出版发行　三环出版社（海口市金盘开发区建设三横路 2 号）
　　　　　　邮　编　570216　　邮　箱　sanhuanbook@163.com
社　　长　王景霞　　**总 编 辑**　张秋林
印刷装订　三河市同力彩印有限公司
书　　号　ISBN 978-7-80773-333-1
印　　张　4.5
字　　数　83.5 千字
版　　次　2024 年 9 月第 1 版
印　　次　2024 年 10 月第 2 次印刷
开　　本　880 mm×1230 mm　1/32
定　　价　48.00 元

喜
Happiness

鲸落于海，星沉于洼，

风隐于密林，

蝉鸣漏进夏至，

想让世间所有温柔住进你眼里。

怒
Anger

愿有人鲜衣怒马，

陪你看烈焰繁花。

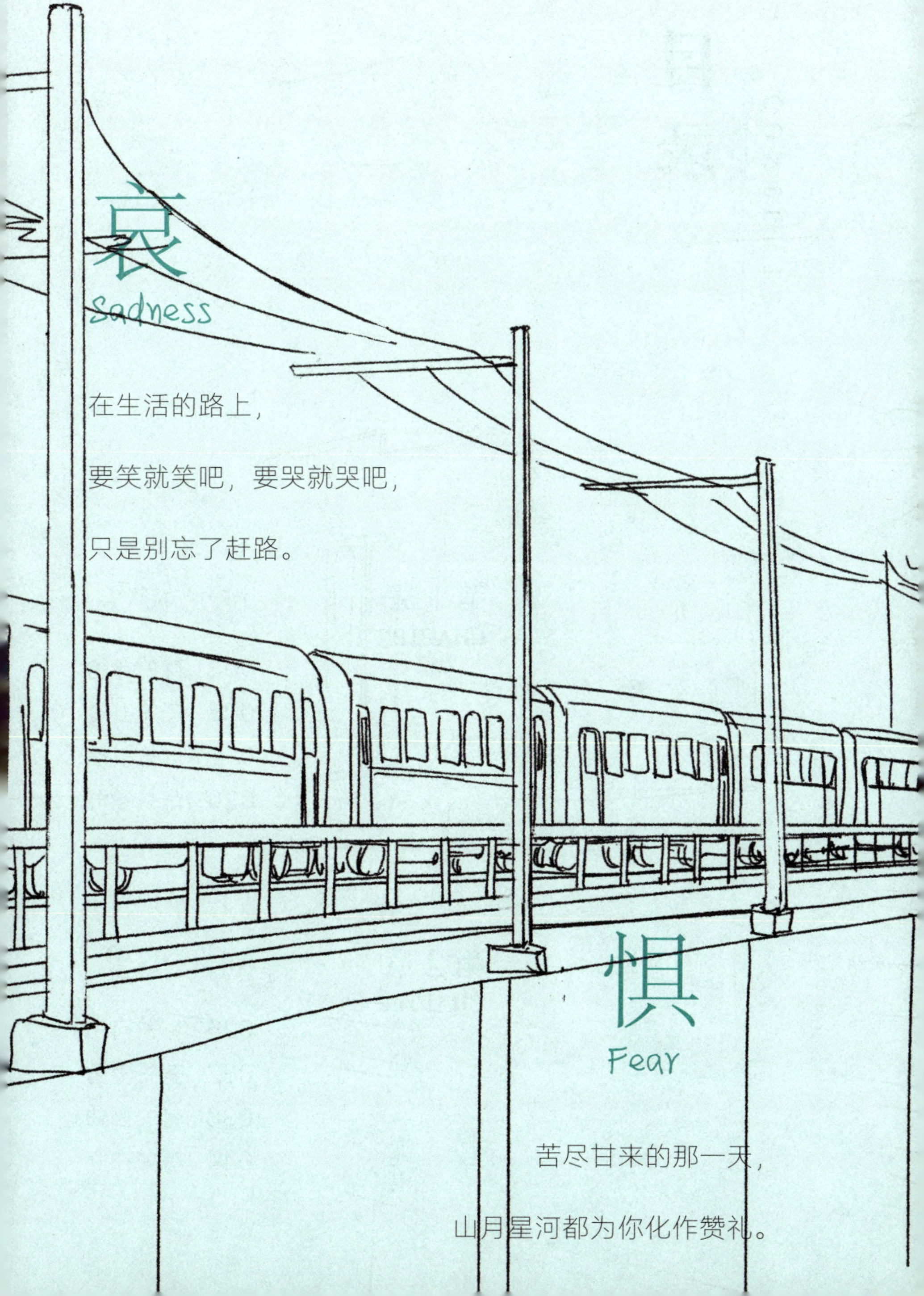

哀

Sadness

在生活的路上，

要笑就笑吧，要哭就哭吧，

只是别忘了赶路。

惧

Fear

苦尽甘来的那一天，

山月星河都为你化作赞礼。

目录

CONTENTS

第1章 CHAPTER 1　时光温柔

第2章 CHAPTER 2　向阳成长

第3章
CHAPTER 3

岁月葳蕤

第4章
CHAPTER 4

生命风景

第5章
CHAPTER 5

生活百味

有关春色

有关盛夏

有关早秋

有关冬日

第1章 Chapter one

时光温柔

有关 ▸ 春色

对春天最深刻的印象是什么呢？

¤ 在春天的午后，
将三明治、饼干和水果摊在野餐布上，穿着连衣裙和单鞋，
就面对湖水坐在草坪上，跟阳光捉迷藏。

¤ 文人把所有的春天都揉进了诗里，我把春天装进相册里。

¤ 想了一百个关于春天的文案，都不及这一刻的春暖花开。

¤ 我偷得的一缕春色里，有诗，有梦，有生生不息的温柔与希望。

¤ 春天的清晨，打开窗户，嗅着春日温暖的气息，暖风扑面，
此刻只想醉倒在温柔的梦里，品着如歌似幻的岁月醇酒，
梦境中也是春天明媚悠远的诗情画意。

¤ 花开有声，春色满园，心动不已，诗意盎然。

¤ 漫步在春意盎然的林间，沐浴着温暖的阳光，

仿佛置身于一幅五彩斑斓的画卷中。

满眼绿意，带着清新与希望，让人感受到春天的气息。

¤ 可爱的春天带着花和曲的潮水滚滚而来，

让大地腾起花的浪涛，让空中响彻着春的乐曲。

——朗费罗

¤ 如果冬天来了，春天还会远吗？

——雪莱

¤ 春天的太阳甚至给那最卑微的小花也注入了新的生命。

——司各特

¤ 春天不播种，夏天就不会生长，秋天就不能收割，冬天就不能品尝。

——海德

¤ 我爱任何地方的春天，但如果我可以选择，

我会永远在花园中迎接春的到来。

——露丝·斯托特

¤ 春日迟迟。春景熙熙。

——赵师侠《行香子·春日迟迟》

¤ 卖花担上，买得一枝春欲放。

——李清照《减字木兰花·卖花担上》

¤ 春日游，杏花吹满头。陌上谁家年少足风流？

——韦庄《思帝乡·春日游》

有关 ▸ 盛夏

蛙呱蝉鸣。你心中的盛夏是什么样子？

¤ 夏天的梦是清晨阳光的颜色，
是夏日黄昏的曚昽，
是黑夜蝉鸣的眷恋。

¤ 我有开在泥泞里温柔的花，
有明晃晃的夏天，我喜欢这个世界，
但更喜欢你。

¤ 怀里揣着的清风，好像知道夏天来了，
都忍不住要跑去你身边。

¤ 好友、街头、散步、晚风、蝉鸣、耳机里听的歌，
都是夏日浪漫。

¤ 盛夏的阳光洒在广袤的田野上，
灼热的天空下，湛蓝的湖水波光粼粼，
荷花争艳，散发着淡雅的香气。

¤ 浪漫六月已抵达，有西瓜味的风和橘色晚霞。

¤ 生如夏花之绚烂，死如秋叶之静美。

——泰戈尔

¤ 光在膨胀，夏天快到了吗？这就是那些应该爱的人的眼睛和声音啊。我以我所有的姿态眷恋着世界，我以我所有的怜悯和感激眷恋着人。

——加缪

¤ 昆虫的嗡嗡声中自有一番夏天的韵味。

——兰道

¤ 闲荡着，我邀请我的心灵，间荡着，我轻松地依立着，眺望着，夏日间一片青翠。

——华德·惠特曼

¤ 休息并非无所事事。夏日炎炎时躺在树底下的草地，听着潺潺的水声，看着飘过的白云，亦非浪费时间。

——约翰·罗伯克

¤ 啊，快乐的大海边的夏日，啊，多么美丽、多么纯洁的夏日，你是那样地充满欢乐，充满苦痛，对有些人，你永远是静乐处的墓碑；对有些人，你永远是新领地的界标。

——朗费罗

¤ 梅子留酸软齿牙，芭蕉分绿与窗纱。

——杨万里《闲居初夏午睡起二绝句·其一》

¤ 绿树阴浓夏日长，楼台倒影入池塘。

——高骈《山亭夏日》

¤ 蝉噪林逾静，鸟鸣山更幽。

——王籍《入若耶溪》

有关 早秋

落叶沙沙，早秋的风拂过树梢。

¤ 初秋总是那么温柔，日间把夏天留下，夜里送来轻风。

¤ 八月的信差是星月，我借秋日的温柔给你。

秋天来了，带着金色画笔，一切都变得金光灿灿的，在阳光下心都柔化了。

¤ 日光功率被太阳调得越来越小，贩卖快乐的晚霞改为五点半收摊回家，天黑之前月亮警察出来巡逻，这个夏日好像就要收尾了。

¤ 秋天好像总是这样，来得悄无声息，没有夏的狂热，也没有冬的刺骨，一场雨过后天慢慢黑得早了，早晚出门开始感觉到微微的凉意。

有空一起去散步吧，趁它还没溜走。

¤ 秋天是倒放的春天。

¤ 长夏逝去，山野间的初秋悄然涉足。

¤ 想被秋天卷起，卷进温柔的清风里，柔软的云朵里，还有橘子味的拥抱里。

¤ 银烛秋光冷画屏，轻罗小扇扑流萤。

——杜牧《秋夕》

¤ 无边落木萧萧下，不尽长江滚滚来。

——杜甫《登高》

¤ 空山新雨后，天气晚来秋。

——王维《山居秋暝》

¤ 一道残阳铺水中，半江瑟瑟半江红。

——白居易《暮江吟》

¤ 桂魄初生秋露微，轻罗已薄未更衣。

——王涯《秋夜曲》

¤ 寒山转苍翠，秋水日潺湲。

——王维《辋川闲居赠裴秀才迪》

¤ 芜然蕙草暮，飒尔凉风吹。

——李白《秋思》

有关 ▸ 冬日

温茶看雪落，岁岁不知寒。

¤ 我只是静候时机，在目前严冬的风雪中颤栗，希望温暖的日子会有一天到来。

——莎士比亚

¤ 有的是山上松林里的风声，跟天上一只两只的鸟影。夏末到那里，

春初便走，却好像老在过着冬天似的；可是即便真冬天也并不冷。

——朱自清

¤ 凡在北国过过冬天的人，总都道围炉煮茗，或吃涮羊肉，

剥花生米，饮白干的滋味。而有地炉、暖炕等设备的人家，

不管它门外面是雪深几尺，或风大若雷，

而躲在屋里过活的两三个月的生活，

却是一年之中最有劲的一段蛰居异境。

——郁达夫

¤ 风刮得很紧，雪片像扯破了的棉絮一样在空中飞舞，没有目的地四处飘落。

——巴金

有关自由

有关爱情

有关孤独

有关独立

第2章 Chapter two

向阳成长

有关 ▸ 自由

鲜衣怒马，风也自由。

¤ 以自由之名，我生以悦己，而非为他人所困。

¤ 且停且忘且随风，且行且看且从容。

¤ 爱留给心系之人，温暖赠给四方，那辽阔的自由赏给灵魂独享。自由存在于孤独的可能性中。

¤ 你一直希望自己勇敢而真实，那么现在不妨做个深呼吸，用猛烈的孤独，开始你伟大的历险。

¤ 每一丝血肉都疯狂蚕食着我的身体，我避着太阳的灼热，铺天盖地地拥抱自由。

¤ 世界借风摆出最疯狂的身姿，灵魂像透明的塑料袋独自纷飞，张扬自由。

¤ 少年人意气惯了，自由豁然，鲜衣怒马，仗着一腔孤勇不见嶙峋，他们要轰轰烈烈，他们要活在人群里。

¤ 我生性自由散漫，不喜欢拘束。我谁也不爱，谁也不恨。
我没有欺骗这个，追求那个；没有把这个取笑，那个玩弄。
我有自己的消遣。

——塞万提斯

¤ 我愿我能在横过孩子心中的道路上游行，解脱了一切的束缚；
在那儿，使者奉了无所谓的使命奔走于无史的诸王的王国间；
在那儿，理智以它的法律造为纸鸢而飞放，
真理也使事实从桎梏中自由了。

——泰戈尔

¤ 上帝只将自由赐给热爱自由并随时准备保卫它的人。

——丹·韦伯斯特

¤ 生命诚可贵，爱情价更高。若为自由故，二者皆可抛。

——裴多菲

¤ 自由之于人类，就像亮光之于眼睛，空气之于肺腑，爱情之于心灵。

——英格索尔

¤ 应愁晚泊喧卑地，吹入沧溟始自由。

——苏舜钦《和淮上遇便风》

¤ 我是天公度外人，看山看水自由身。

——陆游《独游城西诸僧舍》

¤ 如以天地为室庐，日月行住坐卧得自由。

——刘过《登升元阁故基》

¤ 道行无喜退无忧，舒卷如云得自由。

——白居易《和杨尚书罢相后夏日游永安水亭兼招本曹杨侍郎同行》

¤ 安得病身生羽翼，长随沙鸟自由飞。

——王安石《望越亭》

¤ 岁月本长，而忙者自促；天地本宽，而鄙者自隘；风花雪月本闲，而劳攘者自冗。

——洪应明《菜根谭》

有关 ▸ 爱情

爱情甜蜜，但也苦涩。

¤ 一花一世界，一叶一追寻，一曲一场叹，一生为一人。

¤ 你的一生注定会遇到两个人，一个温柔了岁月，一个惊艳了时光。

¤ 因为爱，所以有了牵挂，
多想以云为梦，携风做帆，越千山万水飞向你，花前月下，与你十指相扣；
多想青灯檐下，我言字，你煮酒，我为你吟千回百转恋，你为我画红袖添香情。

¤ 一生一世爱着你，两厢情愿无人比，三生石前互许愿，
四季常能伴身边，五湖四海游天涯，六十白头依爱恋。

¤ 当你说“我爱你”，只因为你认为你有责任这么说，并非感受到这些字背后的情感时，那你就是个骗子，而其他人也知道。

¤ 我愿意与你共度每一个黎明和黄昏，一起感受时光的流转。

¤ 爱情如星辰般璀璨，愿与你一同漫步在这璀璨星空下。

¤ 真正的爱情是专一的，爱情的领域非常狭小，
它狭到只能容下两个人生存；
如果同时爱上几个人，那便不能称作爱情，它只是感情上的游戏。

——席勒

¤ 如果一个人没有能力帮助他所爱的人，
最好不要随便谈什么爱与不爱。
当然，帮助不等于爱情，但爱情不能不包括帮助。

——鲁迅

¤ 如果你爱一个人，先要使自己现在或将来百分之百值得他爱，
至于他爱不爱你，那是他的事，
你可以如此希望，但不必勉强去追求。

——罗兰

¤ 成熟的爱情，敬意、忠心并不轻易表现出来，它的声音是低的，
它是谦逊的、退让的、潜伏的，等待了又等待。

——狄更斯

¤ 爱叫懦夫变得大胆，却叫勇士变成懦夫。

——莎士比亚

有关 孤独

如何体面地表达孤独？

¤ 幼儿园是一个好大的园，

小学是一个班的小学，初中是一群人的初中，

高中是几个人的高中，大学是两个人的大学。

而上班，是一个人的上班。原来人就是这样走向孤独的。

¤ 孤独啊，应该是一个很可爱的孩子。

在你抱怨他的时候，他就垂下眼眸，静静地在黑夜里陪着你。

¤ 无论多么辉煌的背景，转身仍是孤独的背影。

¤ 生命中大部分时光是属于孤独的。

努力成长是在孤独里可以进行的最好的游戏。

¤ 我的灵魂被切割成了八份，一份留在这里苟活，一份回了故乡，

剩下的，全在这个世间的广袤大地上漂泊。

它们偶尔会打个照面，但永远拼凑不出完整的一个我。

¤ 灵魂中最深的孤独，伴随着清醒而来。

¤ 人是合群的动物，他最怕的是孤独。谁都不能安于寂寞，总喜欢和人往来，谈不关紧要的天。

——周作人

¤ 我夜坐听风，昼眠听雨，悟得月如何缺，天如何老。

——戴望舒

¤ 每个早晨都要这样，虽然我已经不同以往，总是幻想奇遇，总是渴望付出烈火般的激情，又总是被乖戾的现实玩耍，被今天这难得的天气从狂热中唤醒。我已经不孤单了，是吧。

——郁达夫

¤ 庭有枇杷树，吾妻死之年所手植也，今已亭亭如盖矣。

——归有光

¤ 人与人之间，最可痛心的事莫过于在你认为理应获得善意和友谊的地方，却遭受了烦扰和损害。

——拉伯雷

¤ 孤舟蓑笠翁，独钓寒江雪。

——柳宗元《江雪》

¤ 梦中不知身是客，一晌贪欢。

——李煜《浪淘沙令·窗外雨潺潺》

¤ 世事一场大梦，人生几度秋凉。

——苏轼《西江月·世事一场大梦》

¤ 一生负气成今日，四海无人对夕阳。

——陈寅恪《忆故居》

¤ 古道西风瘦马，夕阳西下，断肠人在天涯。

——马致远《天净沙·秋思》

¤ 桃李春风一杯酒，江湖夜雨十年灯。

——黄庭坚《寄黄几复》

¤ 曾经沧海难为水，除却巫山不是云。

——元稹《离思五首·其四》

有关 ▸ 独立

独立是人生的必修课。

¤ 遗世独立，静若繁花，去做世间独一无二的瑰宝。

¤ 越是卑微迎合，越不会被珍惜；越是骄傲独立，越被仰视追随。我就是有刺的蔷薇女王。

¤ 身处繁华闹市，也要独守静谧，不随波逐流，保持人格之独立。

¤ 你要学着无论遇到什么事情，欣喜、悲伤或是濒临崩溃，
都能够不动声色自己处理事情，自己辨别对错，好好成长。

¤ 做一个充满自信、阳光的人，由自己决定赋予生活什么。
主宰自己内心的风雨晴川，外界的一切因果都撼动不了一颗强大的心。

¤ 当有人突然从你的生命中消失，不用问为什么，
那是因为他或她到了该走的时候了，你只需要接受就好，不论朋友，还是恋人。

所谓成熟，就是知道有些事情终究无能为力。

¤ 独立不代表孤独，而是更加清楚自己想要什么。

¤ 独立思考能力是科学研究和创造发明的一项必备才能。

在历史上任何一个较重要的科学上的创造和发明，

都是和创造发明者的独立地深入地看问题的方法分不开的。

——华罗庚

¤ 只有穷人才能独立自主。

就是最有权的百万富翁也是没有独立自主的。

一个享有一个卢布的人就是这个卢布的奴隶。

——莱蒙特

¤ 发展独立思考和独立判断的一般能力，应当始终放在首位。

——爱因斯坦

¤ 人多不足以依赖，要生存只有靠自己。

——拿破仑

¤ 路要靠自己去走，才能越走越宽。

——居里夫人

第3章

Chapter three

岁月葳蕤

有关 ▸ 清晨

清晨唤醒你的是什么？

¤ 好的运气从清晨开始，愿你晨起有微笑，笑里有幸福。

¤ 我喜欢向日葵，无论昨夜经历怎样的风雨，
当清晨的第一缕阳光来临时，它还是努力地抬起头向着阳光，
并一路坚强勇敢地追逐着阳光，开出一片灿烂的金黄。

¤ 清晨明媚的山花，在风中散发着淡香，
天空有响亮的回音在跃落。

¤ 晨曦微露，暖阳倾洒，世界在宁静中苏醒。
愿你在这个清新的早晨，找到内心的平静与喜悦。

¤ 当你认为为时已晚的时候，恰恰是最早的时候。

¤ 别让那人生道路上的挫折，带走你的微笑和最初的梦想。

¤ 最长的路也有尽头，最黑暗的夜晚背后也是清晨。

¤ 人间的清晨是媚人的，可爱的，这是真正的春晨。

——显克微支

¤ 清晨给你送来飞出地狱的羽翼；黑夜捎来指引你进入天堂的明星。

——马隆

¤ 一天之中最美好的时光在黎明。

——威尔科克斯

¤ 早上醒来时，特别想在床上躺一整天，读书。

——雷蒙德·卡佛

¤ 上帝送黎明来，是赐给所有人的。

——塞万提斯

¤ 欲觉闻晨钟，令人发深省。

——杜甫《游龙门奉先寺》

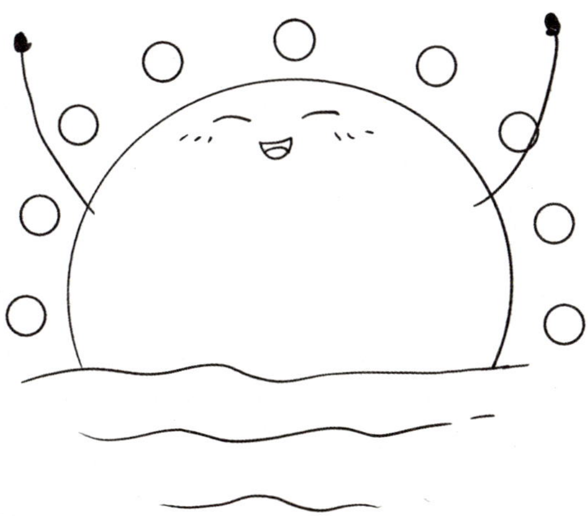

有关 ▸ 午后

一杯清茗，一本闲书，
静静享受悠闲的午后。

¤ 午后的阳光轻轻洒落，将温暖铺满每个角落，驱散心中的阴霾，留下一片明媚与宁静，这便是岁月静好的模样。

¤ 珍惜午后每缕阳光，即使在忙碌的生活间隙，
因为岁月匆匆，美好易逝。

¤ 在慵懒的午后，我们品味着生活的点滴，感受诗意与烟火的交织，体会着努力与随缘的平衡，这便是我们追求的岁月静好。

¤ 和煦的阳光照耀整个午后，拿着一本书，
把自己埋进柔软的沙发，细细品味着午后的美好。

¤ 盛夏午后，我坐在草席上，喝一口茶，
感觉这冷了的茶别有一股淡苦微涩，像起风的秋天。
竹丛下一只小鸭被吹出毛边，乃景色中又有景色，滋味里藏着滋味。

忽然，天空响雷，我被吸引，闭眼倾听。

¤ 午后的风轻轻拂过脸庞，仿佛带着诗意的气息，唯美而动人。

¤ 人生不过是午后到黄昏的距离，茶凉言尽，月上柳梢。

——徐志摩

¤ 昏昏度日惟贪睡，茗椀聊充午后供。

——赵蕃《倪秀才惠橄榄二首·其一》

¤ 午后钟鸣鸛鹤飞，日高岚气湿人衣。

——苏泂《游天意寺》

¤ 南州溽暑醉如酒，隐几熟眠开北牖。

日午独觉无馀声，山童隔竹敲茶臼。

——柳宗元《夏昼偶作》

¤ 梅子留酸软齿牙，芭蕉分绿与窗纱。

日长睡起无情思，闲看儿童捉柳花。

——杨万里《闲居初夏午睡起》

有关 ▸ 傍晚

从黎明到黄昏，阳光充足，
胜过一切的诗。

¤ 喜欢日落，当黄昏落在身上，没有烟火，没有杂尘，只有光和希望。

¤ 星星会不会趁着人间烟火坠落的时候偷偷地去看星河和日落?

¤ 晚霞轻小，我踩着糖果似的云朵，朝着余晖，向你走来。
月亮坠入云间，星星点缀其中，神明贩卖着落日，
而你从银河背后走来，与带着五彩晚霞的独角兽一齐落入我的眼眸中。

¤ 日落跌进迢迢星野，人间忽晚，山河已秋。

¤ 夕阳西下，彩霞映红半边天。我们正对着夕阳，走在田间小路上，道路两旁长满了小草和野花。

¤ 你心中描绘的百种夕阳，皆难及眼前这绝美的晚霞。

¤ 傍晚时分，雨燕在城市上空的鸣叫格外细弱，

配不上这个地区天际日益开阔的六月暮晚。

——阿尔贝·加缪

¤ 忧郁是黄昏的暮景，苦痛在那里消融，变成了一种黯淡的欢乐。

忧郁是愁苦人的快乐。

——雨果

¤ 每个傍晚都是一幅美妙的画，太阳绘制了它自己的光芒，

我们则将它留作永恒的记忆。

——爱默生

¤ 黄昏的天空，在我看来，像一扇窗户，一盏灯火，灯火背后的一次等待。

——泰戈尔

¤ 黄昏是一场默契的告别，我们与太阳相约明天的相见。

——卢泽尔·斯特勒

¤ 在海洋上的黄昏，更是一幅让人沉醉的画面。

——海明威

有关 ▸ 黑夜

仰望星空，看见梦的痕迹。

¤ 如果你爱上了某个星球的一朵花，那么，只要在夜晚仰望星空，
就会觉得满天的繁星就像一朵朵盛开的花。

¤ 春酒、热夏、秋酿、知寒，相遇很难，记得说晚安。

¤ 与其窥探星星的秘密，不如成为星星一样的人。

¤ 在寂静的夜色中，谁不是为星光所迷，而忘了时间流转？
记住，那满天的星辉是夜的馈赠，静默中才感受得到的美好。

¤ 你抬头仰望星空，夜色如墨，星光熠熠，美得让人心醉神迷。

¤ 月遇从云，花遇和风，今晚的夜空很美，我很想你。

¤ 梦是夜晚被撕开一个口子，在另一个世界，
我们都能见到想见的人。

¤ 将白昼的头颅，倚靠在夜晚的肩膀上，

这是梦每天交给我的美丽差事。

¤ 寂静在喧嚣里低头不语，沉默在黑夜里与目光结交，于是，我们看错了世界，却说世界欺骗了我们。

——泰戈尔

¤ 人间没有永恒的夜晚，世界没有永恒的冬天。

——艾青

¤ 黑夜无论怎样悠长，白昼总会到来。

——莎士比亚

¤ 夜晚是每个人放松心灵的时刻，也是人们思想最为灵活的时候。

——瓦伦丁·西利坦

¤ 雄心壮志是茫茫黑夜中的北斗星。

——勃朗宁

¤ 静悄悄的黑夜具有母亲的美丽，而吵闹的白天具有孩子的美。

——泰戈尔

¤ 风吹古木晴天雨，月照平沙夏夜霜。

——白居易《江楼夕望招客》

¤ 行宫见月伤心色，夜雨闻铃肠断声。

——白居易《长恨歌》

¤ 何当共剪西窗烛，却话巴山夜雨时。

——李商隐《夜雨寄北》

¤ 昨夜星辰昨夜风，画楼西畔桂堂东。

——李商隐《无题·昨夜星辰昨夜风》

¤ 五更鼓角声悲壮，三峡星河影动摇。

——杜甫《阁夜》

¤ 边月随弓影，胡霜拂剑花。

——李白《塞下曲六首》

¤ 细雨春芜上林苑，颓垣夜月洛阳宫。

——陆游《书愤五首·其二》

¤ 明月，明月，胡笳一声愁绝。

——戴叔伦《调笑令·边草》

¤ 雁声远过潇湘去，十二楼中月自明。

——温庭筠《瑶瑟怨》

¤ 不是诚斋无月，隔一林修竹。

——杨万里《好事近·七月十三日夜登万花川谷望月作》

¤ 纤云弄巧，飞星传恨，银汉迢迢暗度。

——秦观《鹊桥仙·纤云弄巧》

¤ 丝桐清夜作三弄，明月入帘风拂床。

——裘万顷《次余仲庸松风阁韵十九首·其三》

有关风景

有关青春

有关旅途

有关选择

第4章

Chapter four

生命风景

有关 ▸ 风景

所见所闻，皆为风景。

¤ 云边的日落，是天空给予人类的一缕温煦。

¤ 生命不是一场赛跑，而是一次旅行。
比赛在乎终点，而旅行在乎沿途风景。

¤ 一个人总要走陌生的路，看陌生的风景，听陌生的歌，
然后在某个不经意的瞬间，你会发现，
原本费尽心机想要忘记的事情真的就那么忘记了。

¤ 站在山巅，看着云卷云舒，体验生活的波澜壮阔。

¤ 春天的花，夏天的树，秋天的黄叶，冬天的雪，
每个季节都有它独特的风景。

¤ 那座古老的石桥，见证了多少流年，仿佛能听见过往行人的故事。

¤ 时间如流水，静静地向前流淌。风景如画卷，悄然展开。
面对风景，我们应该安静地欣赏，感受自然的美丽。

——莎士比亚

¤ 真正的发现之旅不在于追求新的景象，而在于换一种新的眼光。

——马塞尔·普鲁斯特

¤ 风景就像是一个安静的诗人，他将美丽娓娓道来。
我们只需静静地倾听，自然的旋律就会流淌进心灵。

——斯蒂文斯

¤ 当我们面对壮丽的自然风景，我们应该抛弃所有烦恼，
放松心情，享受当下的美好。

——马克·吐温

¤ 望向远方的山峰和湖泊，可以让人摆脱平凡的生活，
感受到自然的奇妙和心灵的舒畅。

——爱默生

有关 青春

有没有一个人，是你无论怎么回忆
都绕不过的青春？

¤ 年轻替我挡了太多的苦难和挫折，作为回报我答应它我会长大。

¤ 人生这条路很长，未来如星辰大海般璀璨，不必踟蹰于过去的半亩方塘。那些所谓的遗憾，可能是一种成长；那些曾受过的伤，终会化作照亮前路的光。

¤ 梦想是年少的期望，从此看山是梦想，看海亦是梦想。
我试图跨过山河大海和人山人海，追赶那熠熠生辉的梦想。

¤ 我所理解的少年感，不是无知所以无畏，是有知仍然无畏。

¤ 向前冲才是青春，向阳盛开才是我们。

¤ 我多想回到那个夏天，蝉鸣在田边。贪恋夏夜星空下你的侧脸，犹记得清风撩拨心弦。

¤ 青春之人类，青春之地球，青春之宇宙，资以乐其无涯之生。

——李大钊

¤ 青春之所以幸福，就因为它有前途。

——果戈理

¤ 人的青春时期一过，就会出现像秋天一样优美成熟的时期，这时，生命的果实像熟稻子似的在美丽的平静的气候中等待收获。

——泰戈尔

¤ 少年的骄傲应该更轻松、更明亮，最好是眼睛看得见的，闪闪发光的东西。

——三岛由纪夫

¤ 青年是多么美丽！发光发热，充满了彩色与梦幻，

青春是书的第一章，是永无终结的故事。

——朗费罗

¤ 有志不在年高，无志空长百岁。

——石成金

¤ 少年易老学难成，一寸光阴不可轻。

——朱熹《劝学诗 / 偶成》

¤ 须知少时拏云志，曾许人间第一流。

——吴庆坻《题三十小像》

¤ 少年侠气，交结五都雄。

——贺铸《六州歌头·少年侠气》

¤ 春风得意马蹄疾，一日看尽长安花。

——孟郊《登科后》

¤ 少年不识愁滋味，爱上层楼。爱上层楼，为赋新词强说愁。

而今识尽愁滋味，欲说还休。欲说还休，却道天凉好个秋！

——辛弃疾《丑奴儿·书博山道中壁》

¤ 如今却忆江南乐，当时年少春衫薄。骑马倚斜桥，满楼红袖招。

——韦庄《菩萨蛮·如今却忆江南乐》

酒

有关 ▸ 旅途

无论去哪儿，
重要的是你已经在路上。

¤ 沿着星河轨迹，踏遍人间春秋。

¤ 听风八百遍，才知是人间。

¤ 去没人的岛，摸鲨鱼的角。

¤ 一重山有一重山的错落，我有我的平仄。

¤ 带着最微薄的行李和最丰盛的自己，在世间流浪。

¤ 照片再好，都不及自己站在阳光下，按一次留住风景的快门。

¤ 抬头看天，无云也无霾，蓝到宇宙深处。

¤ 要做个明亮的人，要有个珍藏的故事，要看遍山河落日，要不虚此行。

¤ 踏上旅途，我们用心触摸世界的脉搏，感受大自然的诗意与浪漫。

¤ 做一个世界的水手，游遍每一个港口。

——沃尔特·惠特曼

¤ 我还年轻，我渴望上路。

——杰克·凯鲁亚克

¤ 吾本乘兴而行，兴尽而返，何必见戴！

——刘义庆

¤ 挣到足够的钱，去旅行，去闲着，去思考世界的过去和未来，去看书做梦，去街角闲逛，让思绪的钓线深深沉入街流之中。

——弗吉尼亚·伍尔夫

有关 ▸ 选择

坚定地选择是种什么感觉？

¤ 没有人可以左右你的人生，

只是很多时候我们需要多一些勇气，去坚持自己的选择。

¤ 平静地接受自己不完美的人更容易感到幸福。

¤ 有些路一个人走，不是孤独，而是选择。

¤ 不是所有的鱼都会生活在同一片海里。

¤ 人生，不在于跟别人的比较，而在于自己的选择。

¤ 人生选择有千万种，选择的路只是一种途径和方式。

而寻求自己内心的声音，探索自己人生的意义，

是每个人一生都在奋斗追求的。

¤ 人生如棋，落子无悔，每一次选择都铺就了未来的路。

¤ 每个人都在不断地选择，选择意味着取舍，而取舍则意味着权衡与抉择。

¤ 这个世界只允许我们在孤独与卑劣之间进行选择。

——叔本华

¤ 你喜欢什么，什么就是你的灵魂。

——高尔基

¤ 没有人过着如愿以偿的顺遂人生，所以大家都觉得别人比自己幸福。

——坂口安吾

¤ 你有你的路，我有我的路，至于适当的路、正确的路和唯一的路，这样的路并不存在。

——尼采

¤ 目的虽有，却无路可循；我们称之为路的，无非是踌躇。

——卡夫卡

¤ 我一辈子都喜欢跟着让我感觉有兴趣的人，因为在我心目中，真正的人都是疯疯癫癫的，他们热爱生活、爱聊天，不露锋芒，希望拥有一切，他们从不疲倦，从不讲那些平凡的东西。

——杰克·凯鲁亚克

- 有关书信
- 有关等待
- 有关花朵
- 有关欢庆

第5章 Chapter five

生活百味

有关 ▸ 书信

书信传达爱、遗憾、
思念与好久不见。

¤ 你笔下的书信，承载着满满的深情与故事，
每一个字都跳跃着温暖的光芒。

¤ 纸张上笔尖的游移，在书写的时光里延续着远方的温馨。

¤ 你的书信如同春风，携带着温暖与爱意，
跨越千山万水，只为我而来。

¤ 愿卿为我思，字字句句，皆是我心。

¤ 皓月当空，思绪如潮，愿此书信能达吾心至爱，
共赏月色花影，细诉衷肠。

¤ 笔下生花，字字句句皆是为汝。
愿此信能跨越千山万水，直达汝心，共谱恋曲。

¤ 红尘中，有汝相伴，乃吾生之大幸。
今以笔墨为诚，寄情于纸上，愿吾爱知晓。

ink

¤ 一行书信千行泪，寒到君边衣到无。

——陈玉兰《寄外征衣》

¤ 须早寄鱼书雁札，免望断白头人。

——沈鲸《双珠记》

¤ 洛阳城里见秋风，欲作家书意万重。

——张籍《秋思》

¤ 烽火连三月，家书抵万金。

——杜甫《春望》

¤ 复恐匆匆说不尽，行人临发又开封。

——张籍《秋思》

¤ 云中谁寄锦书来？雁字回时，月满西楼。

——李清照《一剪梅·红藕香残玉簟秋》

¤ 江水三千里，家书十五行。行行无别语，只道早还乡。

——袁凯《京师得家书》

¤ 远梦归侵晓，家书到隔年。

——杜牧《旅宿》

¤ 欲尽此情书尺素，浮雁沉鱼，终了无凭据。

——晏几道《蝶恋花·梦入江南烟水路》

有关 ▸ 等待

被摁下暂停键是什么感受？

¤ 等待是一种漫长的心灵之旅，我们在时光的长廊中静静守候，如同花儿等待春风的轻抚，星辰等待夜幕的降临。

¤ 等待春风拂面，等待花开满枝，
别让途中的美景与你擦肩而过。

¤ 慢吞吞的小孩也有自己的玫瑰海。

¤ 总有一些东西要用消失来证明它的珍贵。

¤ 如果害怕的话就闭上眼走几步，也许睁开眼的时候就有光了呢。

¤ 生活匆忙，却值得为绚烂等待。

¤ 岁月静好，流年无痕。唯美的等待，是那一抹深情的守候，如梦幻泡影。

¤ 知止而后有定，定而后能静，静而后能安，安而后能虑，虑而后能得。

——《大学》

¤ 花明年会开的，春天明年也会再来的，不妨等明年再看。

——周作人

¤ 黑夜无论怎样悠长，白昼总会到来。

——莎士比亚

¤ 善于等待的人，一切都会及时来到。

——巴尔扎克

¤ 人类所有的力量，只是耐心加上时间的混合。所谓强者，是既有意志，又能等待时机者。

——巴尔扎克

¤ 意志、工作、等待，是成功的金字塔的基石。

——巴斯德

有关 ▸ 花朵

你最喜欢什么花？

¤ 每一朵花都承载着温柔的梦想，在岁月的长河中热烈绽放。

¤ 是温柔的午后，是陷落爱意的瞬间，
是梦里千百回的久违，有花的日子，都是春天。

¤ 诗与酒，花与茶，朝与夕；根与茎，花与叶，开与谢；
花与我，红与黄，一花一色彩，一人一世界，尽是多姿多彩。

¤ 种下去的是岁月，养出来的是快乐，赏的是心情，
得到时光清浅，心中悠然。

¤ 午后的阳光透过玻璃窗，斜射在开得热闹的花儿上，
这就是温柔和无限美好，我确定这人间值得。

¤ 喜乐于山间的风，温柔于晨间的花，日日活得简简单单，
岁岁悟得尘事悦然。

¤ 这个世界泥泞破碎，却也能开出温柔的花朵。

¤ 叶在花的周围，叶缄默，花是叶的语言。

——泰戈尔

¤ 人生下来不是为了抱着铰链，而是为了展开双翼，不要再有爬行的人类。

我要孵幼虫化成蝴蝶，

我要孵蚯蚓变成活的花朵，而且飞舞起来。

——雨果

¤ 你未看此花时，此花与汝心同归于寂；

你来看此花时，则此花之颜色一时明白起来。

——王阳明

¤ 名称有什么关系呢？玫瑰不叫玫瑰，依然芳香如故。

——莎士比亚

¤ 我宁愿桌子上有玫瑰，不愿颈上缀钻石。

——戈德曼

¤ 待到山花烂漫时，她在丛中笑。

——毛泽东《卜算子·咏梅》

¤ 白梅懒赋赋红梅，逞艳先迎醉眼开。

——曹雪芹《咏红梅花得“梅”字》

¤ 芙蓉生在秋江上，不向东风怨未开。

——高蟾《下第后上永崇高侍郎》

¤ 众芳摇落独暄妍，占尽风情向小园。

——林逋《山园小梅·其一》

¤ 唯有牡丹真国色，花开时节动京城。

——刘禹锡《赏牡丹》

¤ 风住尘香花已尽，日晚倦梳头。

——李清照《武陵春·春晚》

¤ 众芳摇落独暄妍，占尽风情向小园。

——林逋《山园小梅·其一》

¤ 一陂春水绕花身，花影妖娆各占春。

——王安石《北陂杏花》

¤ 小荷才露尖尖角，早有蜻蜓立上头。

——杨万里《小池》

有关 ▸ 欢庆

满心欢喜，庆祝佳节。

¤ 鲜花盛开，喜悦灿烂，春风细雨，柔情佳节。

¤ 幸福甜蜜，喜悦缱绻，幸福凝聚，心乐满溢。

¤ 风吹云散人团聚，花开花谢好友情。

¤ 喜迎佳节，乐享盛世，长治久安，宁宁谧谧。

¤ 东风夹道，瑞气迎宾，喜悦涌长安，一路朝阳添壮丽。
渭水流光，灞桥溢彩，繁华逢盛世，满城春色话和谐。

¤ 新岁启封，美好常在，愿所有期待都能如约而至。

¤ 庆祝的钟声响起，快乐的氛围弥漫。
无事一身轻，今朝有酒今朝醉，共庆美好时光！

¤ 捧一瓣心香，洒一路阳光，欢庆诞辰，礼赞新章。

¤ 天上风云庆会时，庙谟争遣草茆知。邻墙旋打娱宾酒，稚子齐歌乐岁诗。老去又逢新岁月，春来更有好花枝。晚风何处江楼笛，吹到东溟月上时。

——陈献章《元旦试笔·其二》

¤ 一生能见几元夕，况是东西南北人。残梦关河鳌禁月，旧游灯火马行春。岁华投老送多感，节物对愁争一新。自笑区区成底事，天涯流落泪沾巾。

——王寂《元夕有感》

¤ 服华妆着处逢，六街灯火闹儿童。长衫我亦何为者，
也在游人笑语中。

——元好问《京都元夕》

¤ 迈街相约看花市，却倚骑楼似画廊。束立盆栽成队列，草株木本斗芬芳。通宵灯火人如织，一派歌声喜欲狂。正是今年风景美，千红万紫报春光。

——林伯渠《春节看花市》

¤ 东风夜放花千树， 更吹落，星如雨。 宝马雕车香满路。 凤箫声动，玉壶光转， 一夜鱼龙舞。

——辛弃疾《青玉案·元夕》

¤ 爆竹声中一岁除，春风送暖入屠苏。

千门万户曈曈日，总把新桃换旧符。

——王安石《元日》

¤ 种得门阑五福全。常珍初喜庆华筵。王环醉拍春衫舞，今见康强九九年。神爽朗，骨清坚。壶天日月旧因缘。从今把定春风笑，且作人间长寿仙。

——李鼐《鹧鸪天·种得门阑五福全》

¤ 笙歌间错华筵启。喜新春新岁。菜传纤手青丝细。和气入、东风里。

幡儿胜儿都姑嫡。戴得更忔戏。愿新春以后，吉吉利利。百事都如意。

——赵长卿《探春令·笙歌间错华筵启》